Maria Nickl

Bayrischer Witz

allitera verlag

Weitere Informationen über den Verlag und sein Programm
unter:
www.allitera.de

Dieses Buch erschien erstmals 1973 im Hugendubel Verlag,
München

Bibliographische Information der Deutschen Bibliothek

Die Deutsche Bibliothek verzeichnet diese Publikation in
der Deutschen Nationalbibliographie; detaillierte
bibliographische Daten sind im Internet
über <http://dnb.ddb.de> abrufbar.

Oktober 2005
Allitera Verlag
Ein Verlag der Buch&media GmbH, München
© 2005 Buch&media GmbH
Umschlaggestaltung: Kay Fretwurst
unter Verwendung einer Illustration von
Annegert Fuchshuber
Druck und Bindung: Kessler Verlagsdruckerei, Bobingen
Printed in Germany · ISBN 3-86520-100-8

Inhalt

D' Schbrach · 7

D' Leid · 11

Wia da Acka, so de Ruam · 26

Es sei · 34

Prost · 41

Viechereien · 48

Zuag'roaste · 57

Gschwerl, Kare und Lucke · 65

D′ Schbrach

Nichteingeweihte haben oft behauptet, daß die Bayern schwerfällig in der Rede, ungewandt im Ausdruck und überhaupt mundfaul seien. Zugegeben, man redet vielleicht in Bayern nicht so viel, dafür sagt man aber auch nicht so viel Schmarrn wie woanders.

Dagegen muß jeder Bayernfreund und -kenner zugeben, daß die Bayern trotz ihrer kargen Rede eigentlich polyglott sind; denn sie sprechen fünf Sprachen: 1) g'schert, 2) boarisch, 3) mit de Hend, 4) üwa d' Leid, 5) durch d' Nas'n. Diese fünf Sprachen sind nicht nur obskure Dialekte. Mindestens vier davon sind Weltsprachen, mit denen man in jeder Gesellschaft – von der niedersten bis zur höchsten – jede Konversation bestreiten kann.

Welche von den fünf genannten Sprachen einer auch spricht, die Nichtbayern, die Fremden nördlich des Weißwurstäquators bzw. der Donau, hören leider oft nur das Derbe und Grobe der bayrischen Sprache heraus und sind daher auch leicht verletzt und eingeschnappt und reagieren vielleicht gerade dann stocksauer, wenn ihnen auf bayrisch das höchste Kompliment gemacht wurde. Um ein derartig bedauerliches Mißverständnis zu vermeiden, soll hier ganz kurz auf zwei äußerst wichtige Redewendungen hingewiesen werden, die, falsch bzw. nicht verstanden, leicht in die falsche Kehle rutschen.

Grundsätzlich sollte ein Fremder, ein Zuag'roaster oder ein Tourist wissen, daß er keine Anzeige wegen Beleidigung erstatten sollte, wenn ein Bayer etwa während des Urlaubs in einem bayrischen Gebirgsort zu ihm sagt: »Ja, mi leckst am Orsch!« Zwar wird jeder, dem diese Ausdrucksweise ungewohnt ist, zunächst zusammenzucken, doch dann wird er, wenn er auch nur ein geringes Maß an sprachlichem Feingefühl besitzt, feststellen, daß dieser Ausruf viele Nuancen hat und meistens nicht wörtlich gemeint ist. Er kann z. B. Entzücken, Wiedersehensfreude, Überraschung,

Bewunderung oder einfach Lebensfreude bedeuten; und ganz blutigen Bayernanfängern sei geraten, mehr den Tonfall, das musikalische Gefälle des ganzen Satzes zu beachten und zu bewerten als seine einzelnen Worte.

Oder sollte es einmal vorkommen, daß etwa in Rottach, Mittenwald oder Vaterstetten ein Eingeborener zu einem Fremdling sagt: »Du bist a Hund!« oder sogar: »Du bist a ganz a varreckta Hund!«, so muß das durchaus nicht heißen, daß der so Angesprochene für einen gemeinen und niederträchtigen Menschen gehalten wird, sondern mit diesen rauhen Worten kann der Ausdruck höchster Anerkennung und größten Respekts kundgetan werden.

Das bayrische Wesen, das sich nach außen spröde gibt, inwendig aber butterweich ist, spiegelt sich auch in der Sprache wider. Man höre sich nur einmal die Begrüßungsszene zwischen Josef Filser und Silvester Gsottmaier in Ludwig Thomas »Erster Klasse« an:

Gsottmaier (sehr laut und fröhlich): Bischt do, du plattata Mistgabelbaron? Du g'schneckelta Englända?

Filser (ebenso lustig lachend): Du Haderlump, du ganz miserabliger!

Gsottmaier: Du Bazi, du luftg'selchta!

Einer, der nichts von den Bayern weiß, hält die Szene nicht ohne Berechtigung für eine üble Beschimpfungsszene. Ein Kenner aber weiß, daß sich die beiden Personen im Grunde ihres Wesens äußerst sympathisch sind, daß es aber das harte Holz, aus dem sie geschnitzt sind, nicht zuläßt, dies in weicheren Worten auszudrücken.

Daher sei jedem, der etwas über Bayern und seine Bewohner erfahren will, empfohlen, nicht zimperlich zu sein und sich auch gelegentlich einen saftigen Kraftausdruck gefallen zu lassen. Auch beim Lesen der folgenden Witze soll sich niemand auf die Zehen getreten fühlen, denn wenn die Worte auch oft rauh klingen, so sind sie doch herzlich gemeint.

D' Leid

Zwei Münchnerinnen, die beide schwanger sind, steigen in eine überfüllte Trambahn und müssen lange stehen, bis es dem Schaffner endlich gelingt, einen Sitzplatz zu ergattern, den er einer der beiden anbietet. »Und i«, sagt die andere entrüstet, »moana S', mi hot a Weps g'schtocha?«

Der berühmte, 1948 verstorbene Münchner Komiker Karl Valentin stieg einmal im Winter in die Trambahn ein und ließ die Tür offen. »Tür zua!« schrie ein anderer Fahrgast empört, »draußen is' koit!« Da stand Valentin auf, machte die Türe zu und fragte: »Moana S', daß' jetzt drauß' wärma is?«

Bei einem Verkehrsunfall gibt es einen Schwerverletzten. Die Passanten stehen schon neugierig herum, die Polizei ist noch nicht an Ort und Stelle. Ein vorbeikommender Priester drängt sich durch die Menge, kniet bei dem Verletzten nieder und sagt: »Ich kann Ihnen leider auch nicht helfen, aber ich könnte Ihnen die letzte Ölung geben.«
»Um God's Wuin«, stöhnt dieser, »bloß jetzt nix Fett's.«

In einer Münchner Trambahn sitzt ein Betrunkener, dessen Benehmen nicht gerade fein ist. Er verbreitet einen fürchterlichen Wirtshausdunst um sich, bis eine neben ihm sitzende Dame empört aufbegehrt: »Schämen sollten Sie sich! Am hellichten Tag betrunken!« Der so unsanft Angesprochene fährt zusammen, taucht einen Augenblick aus dem dichten Nebel seines Suffs auf, sinkt aber gleich wieder in sich zusammen. »Eine Schande ist das!« eifert sich dieselbe Dame erneut. »Muß man sich das gefallen lassen, daß dieser widerwärtige Mensch neben einem sitzt?« Das scharfe Organ der Dame wirkt auf den stillen Zecher wie ein kalter Wasserstrahl; plötzlich ist er hellwach. Mißbilligend blickt er auf seine Nachbarin, und nach einer Weile gibt er seiner tiefsten Überzeugung Ausdruck: »Mei san Sie greislig!« Die Frau schnappt nach Luft, sagt aber nichts, weil sie Angst hat, den aus seinem Dusel Erwachten zu reizen. »San Sie greislig!« stellt dieser wieder voller Abscheu fest, dann erhebt er sich und geht zur Türe, um auszusteigen. Ehe er jedoch hinausgeht, dreht er sich noch einmal um, blickt auf seine Widersacherin und triumphiert: »Mei Sie san greislig. Aba i bin morng in da Friah wieda niachtan!«

Kommt ein Besoffener vom Oktoberfest, steigt in die Trambahn und grölt: »Olle wo auf da recht'n Seit'n hocka, san Orschlecha, und de, wo auf da link'n Seit'n hocka, san Depp'n.« »Ich verbitte mir Ihr Benehmen, ich bin kein Depp«, entrüstet sich ein Herr. »So, nacha hock di hoit auf de anda Seit'n!«

Ein paar Niederbayern sitzen beim Kartenspielen um den Wirtshaustisch herum. »Do schtinkt's!« bemerkt der eine mißmutig. Lange Pause. »Des san d' Hund!« beschwichtigt ihn der andere. Sie spielen eine Zeitlang weiter. »San ja gor koane Hund do!« stellt der eine schließlich nach einem Blick unter den Tisch fest. Sie spielen weiter. »Wern scho no kemma«, meint der andere.

Es heißt oft, daß die Bayern nicht gerade gesprächig sind. Selbst an seinem Hochzeitstag spreche der Bayer nicht mehr als drei Worte. Am Altar: »Ja!« Beim Hochzeitsmahl: »Prost!« Beim Zubettgehen: »Jetzat!«

Im Fernsehen wird ein Fußballspiel übertragen. »I taat ma des Schpui gern in da Wirtschaft oschaung, du host doch nix dageng, Walli?« fragt der Moser brav seine Frau und erklärt weiter: »Woaßt, do kannt ma iwan Schpuivalauf dischkrirn.« »Geh nua grod zua, mia macht des nix aus«, sagt die Walli. Kaum ist er aus dem Haus, kommt der Walli ihr Hausfreund und macht es sich bei ihr gemütlich. Im Wirtshaus ist jedoch der Fernsehapparat kaputt, und der Moser macht, daß er so schnell wie möglich wieder daheim ist. Die Moser Walli und ihr Hausfreund erschrecken fürchterlich, weil der Alte schon wieder kommt, und schnell hupft der Liebhaber hinter den Fernseher, um sich zu verstecken. Der Moser postiert sich vor dem Bildschirm und folgt total konzentriert dem Spiel. Dem Hausfreund aber wird hinter dem Apparat entsetzlich heiß, so heiß, daß er es nicht mehr aushält. Da steht er auf, geht ohne einen Blick nach rechts oder links durch das Zimmer, sagt kein Wort, geht zur Türe hinaus und ist fort. Der Moser starrt gespannt auf die Mattscheibe, bis das Spiel zu Ende ist. Nach Spielschluß sinniert er eine Weile, dann sagt er: »Du Walli, konst de du erinnan, daß da Schiedsrichta oan vom Blohtz g'schdöit hod?«

Ein Bayer verirrt sich in München in ein vornehmes Hotel, schreit nach der Wirtschaft, um sich eine Brotzeit und ein Bier zu bestellen. Da kommt ein Kellner im Frack auf ihn zu, legt den Finger auf die Lippen und sagt: »Pst, bei uns schreit man nicht so laut, wir sind ein vornehmes Hotel, und einen einfachen Leberkäs haben wir auch nicht.« »Wos hobt's es nacha?« fragt der Bauer. »Wir haben beispielsweise feine Fischspezialitäten, Kaviar...« »Kafiar, wos is nacha des?« »Das sind besondere Fischeier.« »Ja, des is recht, do haun S' ma drei nei in d' Pfanna!«

»Wirt, zoin!« Der Gast reicht einen Geldschein hin. »I zoi a hoiwe Bia und drei Semmen.« »Des is jetzt dumm«, meint der Wirt, »i ko jetzt grod net rausgem – wiss'n S' wos, ess'n S' no 17 Semmen, nacha geht's grod auf.«

Kommt einer zum Arzt und klagt: »Herr Dokta, i ko ma nix merka, i glaab, i hob Gedächtnisschwund.« »Wie äußert sich denn das?« fragt der Arzt. »Wos?« fragt der Patient.

Eine neue Sekretärin ist eingestellt worden. Der Chef ruft sie zu sich, um sie ein wenig kennenzulernen.

»Sprechen Sie Englisch?« fragt er sie. »Naa«, antwortet sie. »Oder Französisch?« »Naa, aa net.« »Oder vielleicht eine andere Fremdsprache?« »Aa net, Herr Direktor, und i sog's Eana, wia's is: Wenn i net Deitsch kant, na miassat i direkt belln.«

Ein alter Bauer hat auf dem Sterbebett noch die preußische Staatsbürgerschaft angenommen. Seine Verwandten und Bekannten sind empört. Es sei eine furchtbare Schande und eine »Blamaschi«, daß er ihnen das angetan habe. »Warum«, sagt da der Kranke und richtet sich noch einmal auf, »wenn i schtirb, nacha is wieda oa Preiß weniga.«

Einer aus dem Bayerischen Wald gewinnt bei einem Preisausschreiben eine Reise nach Paris. Erfreut tritt er die Fahrt an. Er steigt in Lam in die Bahn und fährt ein paar Stunden bis Kötzting. Dort wartet er anderthalb Stunden auf den Anschlußzug, mit dem er nach Regen fährt. Von dort muß er umsteigen nach Deggendorf, von wo er nach längerem Aufenthalt direkt nach München weiterreist. Hier besteigt er den Expreß nach Paris. Er verbringt seinen gewonnenen Aufenthalt wunderbar; doch leider ist die Zeit bald vorüber, und er muß wieder heimreisen. Er fährt nach München, von hier nach Deggendorf; hier steigt er um in den Zug nach Regen; von hier aus geht's weiter nach Kötzting; und endlich von Kötzting bringt ihn die Regentalbahn nach Lam. Auf die Frage der Freunde, wie ihm denn Paris gefallen habe, erwidert er: »Paris is a schene Schdod mit vui schene Weiba, da oanzige Nachteil is der, daß' so obg'leng is.«

In der Nähe eines Gehöfts soll gesprengt werden. Alle Bewohner werden verständigt und aufgefordert, sich während der Sprengung im Haus aufzuhalten. Jeder hat es erfahren, nur die alte Großmutter hat die Warnung nicht mitgekriegt. Sie geht aus dem Haus und aufs Häusl. Gerade als sie sich darin niedersetzt, explodiert die Sprengladung. Durch die Druckwelle bricht das baufällige Häusl zusammen. Benommen sitzt die Großmutter im Freien. »Ja des is guat«, sagt sie. »Ja des is jetzat wirkli guat, daß ma der net in der Kuchl auskemma is.«

Herr Bröselmeier ist im Urlaub. Im Speisesaal seines Hotels sitzt ihm beim Abendessen immer ein freundlicher Herr aus Frankreich gegenüber. Am ersten Abend erhebt sich der freundliche Franzose, macht eine leichte Verbeugung und wünscht: »Bon appétit.« Bröselmeier erhebt sich ebenfalls und antwortet, in Verkennung der Situation, mit einer Verbeugung: »Bröselmeier.« Jeden Abend wiederholt sich die Szene. Als Bröselmeier am Urlaubsort einen Bekannten trifft, erzählt er ihm: »Stell dir vor, an meinem Tisch sitzt ein Franzos, ein gewisser Bonapetie, der stellt sich jeden Abend vor.« Der Bekannte klärt Bröselmeier auf, daß der Franzose ihm höflicherweise jedesmal einen guten Appetit wünsche. Bröselmeier geht ein Licht auf, und am Abend will er seinerseits ganz besonders höflich sein. Vor dem Essen steht er als erster auf und sagt zu dem Franzosen: »Bon appétit.« Der Franzose erhebt sich, verneigt sich und erwidert: »Bröselmeiär.«

Die 96jährige Austragsbäuerin beim Tod ihres 76jährigen Sohnes: »Mei o mei o mei, so a Unglück! Aba ea war vo Ofang o schwächle, und i ho mas scho oiwei denkt, daß i den net durchbring.«

Zwei Austragler sitzen auf der Hausbank. Kimmt d' Resi vorbei – jung, frisch und lustig. Tut der 89jährige einen tiefen Seufzer: »Oamoi wieda siwazge mechat i sei!«

Der Jagdherr sitzt mit einem Jagdgast auf dem Hochsitz. Da betritt ein kapitaler Hirsch die Lichtung. Der

Jagdgast reißt die Büchse hoch, doch der Jagdherr hindert ihn am Schießen: »Den dürfen S' net schiaß'n, des is der Zuchthirsch.« Nach längerer Wartezeit erscheint ein wunderschönes Tier, wieder hebt der Jagdgast die Büchse. »Net schiaß'n«, flüstert ihm der Jagdherr zu. »Des is a tragad's Tier.« Als endlich nach langem Ansitz ein magerer, räudig aussehender Rehbock mit zerzausten Lauschern und abgebrochenen Krickerln auf die Lichtung kommt, macht der Gast keinerlei Anstalten zu schießen. Doch der Jagdherr stößt ihn an: »Auf den dürfen S' schiaß'n, auf den schiaß i aa oiwei.«

Eindringlich sagt der Arzt zur Bäuerin: »Kaindlin, ich hoffe, Sie haben meinen Rat befolgt und Ihrem kranken Mann täglich nicht mehr als höchstens ein Glas Bier gegeben.«
Kaindlin: »Ja, ganz gwiß, Dokta, aba er hot jetzt scho auf vier Wocha Vorschuß.«

Beim Hausler brennt's. Da fängt die Hauslerin an, die Stube aufzuräumen.
»Wos raamst denn jetzt auf, bläds Weib«, schreit sie der Hausler in Wut und Panik an.
»Daß wenigstns a bißl aufg'raamt is, wenn d' Feiawehr kimmt.«

Der alte Jäger flirtet gerne mit hübschen feinen Damen. An einer lobt er ganz besonders ihre weiße, zarte Haut an den Händen.
»Das kommt davon«, erklärt sie ihm, »weil ich praktisch Tag und Nacht Wildlederhandschuhe trage.«

»Des ko aba net da oanzige Grund sei, Freilein«, meint der Jäger, »i trog praktisch Tog und Nocht mei hirschledane Hos'n mit genau dem umkeat'n Erfoig.«

Ein Bayer kauft in seinem italienischen Urlaubsort ein.
»Sessantaotto«, sagt die Signorina an der Kasse freundlich.
»Naa«, antwortet dieser überrascht, »i bin da Franz!«

Ein Bayer geht ins Wirtshaus und bestellt sich einen Schweinsbraten. Am Schweinsbraten fehlt Salz. Der Mann greift zum Salzfaß, will Salz streuen, aber es kommt nichts raus. Er steht auf, holt vom Nebentisch ein anderes Salzfaß, versucht, Salz zu streuen, doch es kommt nichts raus. Er brummt vor sich hin, setzt sich und ißt seinen Schweinsbraten ohne Salz.
Ein Preuße kommt herein, setzt sich an denselben Tisch und bestellt Schweinsbraten. Dieser kommt; es fehlt Salz. Der Preuße nimmt das Salzfaß, will streuen, es kommt nichts raus. Er nimmt einen Zahnstocher und durchstößt die verkrusteten Löcher am Salzstreuer, salzt seinen Schweinsbraten und ißt.
Sagt der Bayer zu einem anderen, der auch mit am Tisch sitzt: »Oiso, so mog i de Preißn net.«

Der Huberbauer zum Bader, der ihm bei einer Rauferei zwei Zähne eingeschlagen hat: »Sigstas, wos host jetzt davo, daß ma d' Zehn eigschlong host, de hät i ma morng bei dia sowieso reiß'n lass'n.«

Tiefsinnig unterhalten sich zwei pensionierte Lehrer beim Wein: »Man muß sich doch wundern, daß zur Zeit von Schiller und Goethe gleich zwei so berühmte Dichter gleichzeitig gelebt und geschrieben haben.«

»Ja mei, Herr Kollege, unsaoans kommt ja vor lauter Betrieb einfach net zum Schreiben.«

Vor der Hochzeit:
Er: »Ja Mausi, wos host denn da für a guads Suppal kocht? Des schmeckt einfach ganz unbeschreiblich guat. Wos host denn do olles neito?«
Sie: »Des is awa schee, daß da schmeckt, Beppe. Do hob i gor nix neito, bloß a Henna und an Zwife, sunst nix und a bißl a Soits und a Greazeig und an Sellarie und sunst nix ois wia no an Magge.«
Er: »Wos? – Wia ma nur mit so wenig so a guads Suppal macha ko!«
Nach der Hochzeit:
Er: »Wos soit jetzat des sei, wosd do heit zammakocht host!«
Sie: »A Hennasuppn!«
Er: »Moanst du vielleicht, daß de d' Henna meng?«

Der Hochzeitstag neigt sich dem Ende zu, die letzten Gäste machen sich allmählich auf den Heimweg. Schließlich sind die Jungvermählten alleine.

»Wos deamma jetzt?« fragt die junge Frau ihren schon etwas reiferen Angetrauten erwartungsvoll.

»Jeatzat deamma no a biß'l wos dringa«, meint dieser genüßlich und schenkt sich noch einmal kräftig ein. Sie kann es kaum erwarten, bis er endlich ausgetrunken hat.

»Und wos deamma jetzt?« drängelt sie unruhig.

»Jeatzat deamma no a wengal schbaziangeh, zwengs da Vadauung.«

Leise murrend und ein wenig zögernd verläßt sie mit ihm die Wohnung. Er macht sich auf einen endlos scheinenden Rundgang. Als sie wieder zu Hause anlangen, fragt sie mit leiser, zärtlicher Stimme: »Herze, wos deamma jetzt?«

»Jeatzat deamma Pfiaß weh«, sagt er mit einem Seufzer und läßt sich auf den Sessel fallen.

Sagt die alte Rentnerin zur Standlfrau: »Wiss'n S', warum da Herrgott d' Kartoffen daschaffa hot?«

»Naa, warum?«

»Daß mia arma Leit aa wem ham, dem wo mia d' Haud obziang kenna.«

Die Energieversorgung Bayerns ist gesichert; denn solange die Bayern ihren Kohldampf bewahren, solange geht der Strom nicht aus.

Heute weiß jeder, daß man ohne Fremdsprachenkenntnisse auf Auslandsreisen oftmals im Nachteil ist: Man kann die Speisekarte nicht lesen, man kann nicht mit den Leuten sprechen, und man wird auch mitunter übers Ohr gehauen. – Das weiß auch der Huber Hias, der jetzt auf der Volkshochschule einen Kurs in Esperanto mitmacht, damit er später einmal dorthin fahren kann.

Ganz hinten im Wald in der letzten Einöde hat man endlich eine elektrische Waschmaschine angeschafft. Bis jetzt hat die Großmutter die Wäsche immer noch selber in dem dampfigen Waschhäusl ausgekocht.

»Oiso, wia g'foit nacha da Großmuatta de neie Waschmaschin?« fragt eine Nachbarin, die zu dem Ereignis extra herbeigeeilt war.

»I woaß' net«, erwidert der Bauer, »sie hockt no drin.«

Ein junger Mann schiebt einen Kinderwagen mit einem schreienden Kind. Beruhigend wiederholt er immer wieder: »Ganz ruhig, Schorschi, ganz ruhig.«

Kommt eine Frau vorbei, guckt in den Kinderwagen, kitzelt das Kind am Kinn und sagt: »Duzi, duzi, wo is denn da kloane Schorschi, warum muaß a denn so vui schrein?«

Darauf der junge Mann: »Dean S' d' Hend aus dem Wong raus; und des Kind is a Deandl und hoaßt Zenzl, und da Schorschi, des bin i.«

Die Tochter berichtet ihrer Mutter: »Mama, i hob gestern an Herrn kennag'lernt.« »So, wos is a nacha von Beruf?« möchte die Mutter wissen. »I woaß' net genau, aba i glaab, er is entweder Schäfer oder Pfarrer.« »Wie kommst denn da drauf?« fragt die Mutter weiter. »Weil er g'sagt hat: Heit lass' i di no ung'schorn, aba morng muaßt dro glaam.«

Zwei Freunde unterhalten sich auf dem Sportplatz: »Wia schnoi bist jetzat du auf hundat Meta?« »Ungefähr ganz genau fuchzehn Sekundn.« »Und i brauch ungefähr genau bloß siemahoib Sekundn.« »Des gibt's ja net!« »Doch des gibt's, i woaß nämle a Abkürzung.«

Der Franz fährt mit seinem Auto vom Wildern nach Hause und gerät zufällig in eine polizeiliche Verkehrskontrolle. Die Papiere sind in Ordnung. »Führen Sie etwas mit?« fragt schließlich der Polizist noch. »Naa, nix. – Bloß, im Kofferraum hob i an doudn Hund.« »Was, einen toten Hund? – Aufmachen!« Der Franz öffnet den Kofferraum, darin liegt der gewilderte Rehbock. »Aha«, stellt der Polizist fest, »schaut der vielleicht wie ein Hund aus?« »Naa«, gibt der Franz zu, »aba wenn Sie aso ausschaugatn, nacha dadn s' Eana aa daschiaß'n.«

Die Gerichtsverhandlung ist kurz vor dem Abschluß. »Der Angeklagte hat das letzte Wort«, verkündet der Richter. Der Angeklagte steht auf und schaut triumphierend zu seiner Frau hinüber und sagt: »Hostas g'heat, Oide?«

Der Sepp erzählt seinem Freund am Stammtisch: »Gestan hob i bei meina Oidn 's letzte Wort g'habt.« »So, wia nacha des?« fragt dieser. »Ja woaßtas«, sagt der Sepp, »sie is vor mia eing'schlaffa.«

»Sind Sie jetzt endlich fertig!« wütet ein Herr vor einem Telefonhäuschen. Er reißt die Tür auf und schreit hinein: »Sagen Sie, reden Sie eigentlich immer so viel?« »Naa«, sagt der andere ganz verwirrt, »i hob no koa oanzigs Wort g'sagt, i telefonier nämle mit meina Frau.«

Wia da Acka, so de Ruam

Der kleine Karl wird in der Schule vom Herrn Lehrer gefragt: »Du hast also gar keine Geschwister, Karl?« Der Karli überlegt und meint schließlich verschmitzt: »Ausg'schloss'n is des fei net, Herr Lehra.«

Dem Huberbauern sein Jüngster, der Toni, ist den ersten Tag in der Schule. Es dauert nicht lange, da muß er »naus«. Der Toni ist draußen und kommt nicht wieder. Endlich wird es dem Lehrer zu dumm, er geht hinaus, um den Buben zu suchen. Da steht der Toni heulend bei der Haustüre und jammert: »I ko net, weil i an Misthauffa net find!«

Ein Münchner Erstklaßler entbrennt in Liebe zu seiner Mitschülerin Ida. Er schreibt ihr deshalb folgenden Liebesbrief: »Liebe Ihda, ich hahb diech gern. Tu mihch heiradten.« Darauf antwortet die Ida ebenfalls brieflich: »Liber Rudi ich khan dihch nicht nemmen. Mir sin schohn gennug Kinda daheim.«

»Du Babba!« »Wos denn, Bua?« »I bin heit bei meim Moasta in da Achtung g'schdihng.« »So, wia host'n des zammabrocht?« »Ja woaßt, Babba, da andere Lehrbua hot g'schdoin.«

Der Herr Lehrer fragt die Erstklaßler alle nach ihren Namen. »Wie heißt denn du?« fragt er den ersten. »I hoaß Hansi.« »Das ist ja schön«, sagt der Lehrer, »doch heißt es nicht Hansi, sondern Johann. Und wie ist dein Name?« fragt er den zweiten. »I hoaß Sepperl.« »Aha, es heißt aber nicht Sepperl, sondern Josef«, korrigiert der Lehrer. »Und wie heißt du?« fragt er den nächsten. Gewitzt antwortet der Kurti: »I hoaß Joghurt!«

Fragt der Bene: »Du Mamma, g'hört einem der Korb aa, wenn man an Korb voller Äpfel stiehlt?«

Der Lehrer fragt die Kinder, was es bei ihnen zu Hause als Mittagessen gegeben habe. »An Kafäh«, antwortet der Hansi. Am nächsten Tag fragt der Lehrer wieder, und wieder sagt der Hansi wahrheitsgemäß: »An Kafäh.« Zu Hause erzählt er seiner Mutter: »Du Mama, da Lehra wui jed'n Tag wiss'n, wos' bei uns zum Mittagess'n gem hot.« »Ja, was sagst' denn drauf?« »Wos mia hoit jed'n Tag ham, an Kafäh.« »Du dumma Bua«, meint darauf die Mutter, »du brauchst doch net song, wia's is, des woaß doch da Lehra gor net. Sog doch amoi wos Bessers.« Am nächsten Tag in der Schule antwortet der Hansi dem Lehrer auf die Frage, was er mittags gegessen habe: »Forelln, Herr Lehra.« »Das ist aber ein feines Essen, wieviel habt ihr denn da gehabt?« fragt der Lehrer weiter. »Zwoa Tass'n voi«, antwortet da der Hansi brav.

Zwei Babys in ihren Kinderwagen vor einem Geschäft in Giesing abgestellt, warten auf ihre Mütter. Sagt das eine wütend zum anderen: »Furchtbar is des mit meina Muatta! Oiwei hot s' an Minirock o, und dauand is' vaköit.« Sagt das andere Baby erbost: »De meine is no vui schlimma! Seit dera Oben-ohne-Mode muaß i oiwei de koide Muich sauffa.«

Der Herr Lehrer fragt den Maier Schorsch: »Maier, kann man Zahlwörter steigern?« Sagt der Maier: »Ja, Herr Lehrer.« Der Lehrer runzelt die Stirn und sagt: »So? – Dann steigere mir einmal eines.« Sagt der Maier: »Zwanzig, Zwanziger, am Zwanzigsten.«

In der Schule sollen die Kinder sechs wilde Tiere nennen. Der erste Bub stottert: »Sechs wilde Tiere, Herr Lehrer, der Löwe ... der Bär ... der Löwe ... der ...« »Setzen, ich merke schon, daß du nicht aufgepaßt hast und wieder einmal nichts weißt. Müller, sag du mir sechs wilde Tiere!« Müller stottert: »Der Bär ... der Löwe ... sechs wilde Tiere, Herr Lehrer, der Löwe ...« »Du hast auch geschlafen!« brüllt der Lehrer. »Maier, nenne du mir sechs wilde Tiere!« Maier, der gerade unter der Bank ein Heftl gelesen hat: »Ganz einfach, Herr Lehrer, drei Löwen und drei Bären.«

In einer niederbayrischen Gemeinde wurde die Anschaffung einer Europakarte für die Zwergschule abgelehnt. Die Begründung des Gemeinderats lautete: »Wer woaß, ob von insane Buam iwahaapts oana ins Eiropa hintarekimmt.«

»Gell Onk'l, di ham zwoa Störch brocht«, sagt der kleine Schorsche zu seinem furchtbar dicken Onkel.

In der ersten Klasse werden alle Schüler nach ihrem Vornamen gefragt. »Hansi – Rudi – Xaverl – Maxl«, tönt es der Reihe nach mit hellen Stimmchen. Alle wissen ihre Namen, nur einer sagt nichts. Das gute Zureden des Lehrers nützt nichts. Da glaubt er, einen Trick gefunden zu haben, um dem Buben seinen Namen zu entlocken: »Wie ruft dich denn deine Mutter, wenn sie dich in der Früh aufweckt?« Da geht ein Strahlen der Erkenntnis über das Gesicht des Buben: »Sie sagt, obst aufschdähst, du mistiga Hundsbua, du schdingfaula!«

»I mog d' Buam net. Du bist da oanzige Bua, Großbabba, den wo i mog«, schmeichelt die kleine Liesi ihrem Opa.

Pepi, Maxl und Toni sind Drillinge. Sie kommen in die erste Klasse. Der Lehrer ist höchst erstaunt über die Tatsache, daß einer der Buben einen ganzen Kopf größer ist als seine Brüder. Zuerst fragt der Lehrer nach den Namen. »Pepi«, piepst der Pepi. »Maxl«, piepst der Maxl. »Toni«, dröhnt der Toni in mächtigem Bariton. Der Lehrer ist noch mehr erstaunt. »Wie kommt es denn, lieber Bub, daß du um so viel größer bist und eine viel tiefere Stimme hast als deine Brüder?« »Ja mei«, erklärt der Toni. »Mei Muatta hot bloß zwoa Dutt'n g'habt, und do hams mi mit Bier aufzong.«

Der siebenjährige Rudi nimmt seinen vierjährigen Bruder Hansi mit zum Schlittschuhlaufen. Der Hansi hat noch keine Schlittschuhe; er muß am Ufer des Nymphenburger Kanals stehenbleiben und dem Rudi zuschauen. Es ist bitterkalt. Hansi friert jämmerlich, außerdem muß er mal. »Rudi, i muaß bisen«, ruft er seinem Bruder zu. Der kommt herbei, führt den Hansi an einen Baum und hält ihn, damit er sein Geschäftchen verrichten kann. Dann mischt er sich wieder unter die anderen Schlittschuhläufer. Hansi steht am Ufer, friert und zittert und hopst auf und ab. Der Rudi sollte aufhören und ihm Gesellschaft leisten, das wäre viel schöner, als alleine herumzustehen. Um sich bemerkbar zu machen, schreit Hansi nach kurzer Zeit: »Rudi, i muaß scho wieda bisen!« Rudi kommt und kümmert sich sachkundig um Hansi. Der aber friert derartig, daß alles an ihm vor Kälte förmlich zusammengeschrumpft ist. Erschreckt fragt Rudi: »Wo is denn dei Zipfal?« Da weint der Hansi: »I woaß' net, du host as z'letzt g'habt.«

Der Lehrer hat den Rainerbauern von Öd zu sich bestellt und macht ihm Vorhaltungen wegen der bodenlosen Dummheit seines Sohnes: »Roana, mit deim Buam do hot's wos. Dea is absolut vanoglt. Dea hot net amoi g'wußt, daß da Herr Jesus vor 2000 Jahr g'storm is.«
»Mei, Lehra, woaßt schon«, erwidert der Rainer, »mia ham a da Öd koa Zeidung, koan Fernsäa, nix, net amoi an Radio, und do ham mia gor net dafahrn, daß dea Herr iwahapts krank war.«

Der Lehrer fragt seine Schüler: »Na, Bene, mit wem kämpfte Achilles auf den Stadtmauern von Troja?«
»Pluto!«
»Falsch!«
»Nero!«
»Falsch!«
»Hektor!«
»Richtig!«
Bene: »I hobs doch g'wußt, daß oana vo unsane Hund war.«

Der 18jährige Girgl soll nachdem Tod seines Vaters vor Gericht erscheinen, um den väterlichen Nachlaß zu regeln. Der zaundürre Girgl, dessen Vater gut seine zwei Zentner gewogen hatte, kommt in einer merkwürdigen Aufmachung: Die Joppe schlappt ihm lose um die mageren Schultern, der Hosenboden hängt ihm weit unter die Kniekehlen herunter. Auf dem Nachlaßgericht kann sich der Anwalt eine kleine Bemerkung über diesen Aufzug doch nicht verkneifen.

Zu seiner Rechtfertigung antwortet der Girgl: »I bi kemma, wias vom Gericht volangt war – in Sachen meines Vattas.«

Der Lehrling muß dem Meister ein Paar Weißwürste holen. Unterwegs wird ihm der Mund wässerig, und sein Magen knurrt beim Anblick der schönen Würste, und er kann nicht mehr widerstehen und ißt eine davon auf und beruhigt sein Gewissen mit dem Gedanken: »Da Moasta werd's scho net merka.« Doch selbstverständlich sieht der Meister sofort, daß eine Wurst fehlt. »Du Hundsbua, du elendiger«, entfährt es ihm, »wo is'n de anda Wurscht!« »Des is ja de anda!« verteidigt sich der Bub.

In der Schule ist von den vier Elementen die Rede.

»Max, kannst du mir ein Element nennen?« fragt der Lehrer. »Feuer, Herr Lehrer.« »Gut – Heini, was gibt es noch für Elemente?« »Erde und Luft, Herr Lehrer.« »Gut – Josef, wie heißt das vierte Element?« »Bier, Herr Lehrer.« »Was, Bier, wie kommst du denn darauf?« »Jed'n Tag, wenn mei Babba bei da zwoat'n Maß is, nacha sogt mei Mamma: Jetzat is a wieda in sein Element.«

Der Karli darf mit seinem Onkel ins Gebirge fahren. Da sieht er zum ersten Mal in seinem Leben einen

Mann mit einem Tiroler Sportabzeichen bzw. einem gewaltigen Kropf. Gebannt starrt er auf den Kropf. Unwirsch fährt ihn nach einer Weile der Gebirgler an: »Wennst net glei wegschaugst, nacha friß i di!« »Nacha schluckst aba zeascht den andan owe«, ruft der Karli, ehe er eiligst das Weite sucht.

Treuherzig sagt der kleine Maxl zum Verehrer seiner Schwester: »Du kimmst aba ziemli oft zu meina Schwesta, host du soiwa koane?«

»Babba, kantst ma bittschön zehn Mark gem?« bettelt der kleine Hansl seinen Vater. »Naa, i hob koa Goid«, fertigt ihn sein Vater kurz ab. Darauf der Hansl schlau: »Babba, wannst ma zehn Mark gibst, nacha sog i dir, wos da Briaftäga ollawei zu da Mama sogt.« Zögernd gibt der Vater seinem Sohn die zehn Mark. »Also, was sagt nacha da Briafträger?« Der Hansl: »Hier, Frau Hintermeier, ist Ihre Post.«

In der Schule richtet der Wastl dem Lehrer die Grüße seiner Mutter aus: »D' Muatta laßt song, daß S' Eana näxte Woch a kloane Sau schickt, daß S' aa amoi wos Guats ham.«
»Ja Wastl, das ist aber sehr nett von deiner Mutter, richt ihr meinen Dank schon im voraus aus.«
Eine Woche vergeht und noch einige Tage, beim Lehrer wird kein Spanferkel abgegeben, da fragt er den Wastl: »Deine Mutter hat wohl das Schwein vergessen, das sie mir bringen lassen wollte.«
»Naa«, erklärt der Wastl, »d'Sau is wieda gsund worn.«

Es sei

Gott Vater und Gott Sohn spielen Golf. Gott Sohn schlägt einen Ball und trifft direkt ins Loch. In diesem Moment schlüpft eine Ratte aus dem Loch heraus, hat den Ball zwischen den Zähnen und läuft weg. Sie kommt nicht weit, denn eine Katze springt auf die Ratte zu, frißt sie auf und rennt mit dem Ball davon, doch kaum ist sie ein paar Sprünge weiter, da tötet sie ein Marder, schnappt den Ball und sucht das Weite. In der Luft kreist jedoch schon ein Adler über dem Marder, stößt herab, hackt ihn tot und entführt den Ball in seinen Krallen. Der Adler steigt hoch in die Lüfte – da fährt ein Blitz herab und erschlägt ihn. Der Ball fällt nieder und landet direkt in dem Golfloch. Da sagt Gott Vater unwillig: »Wos is'n eigentli los, schpuima jetzt Goif, oda deamma bläd'ln?«

Ein Dorfpfarrer im bayrischen Oberland ist wegen seiner besonderen Redegabe bekannt. Wenn er predigt, dann ist in der ganzen Kirche kein einziger Platz mehr frei, und keiner schläft ein. Sein Ruf ist sogar bis zum Erzbischof seiner Diözese gedrungen, und dieser entschließt sich, auch einmal in jenes Dorf zu kommen, um den berühmten Prediger zu hören. Der Dorfpfarrer ist furchtbar aufgeregt, wie er erfährt, welche Ehre ihm zuteil werden soll. Vor lauter Angst, er könnte beim Reden steckenbleiben, nimmt er vor der Predigt einen tiefen Schluck aus der Enzianflasche. Er besteigt die Kanzel, und es gelingt ihm die längste und mitreißendste Predigt seiner Amtszeit. Erschöpft verläßt er nach der Messe die Kirche und fragt den Erzbischof: »Wie hat Eminenz meine Predigt gefallen?« »Geliebter Sohn im Herrn«, antwortet darauf der Erzbischof milde, »die Predigt war hervorragend; doch möchte ich meinen geliebten Sohn darauf hinweisen, daß Christus nicht erschossen wurde, sondern gekreuzigt, daß Maria kein Schlampen war, sondern eine Jungfrau, und daß es am Schluß der Predigt ›Amen‹ heißt und nicht ›Prost‹.«

Eine Bäuerin fragt den Pfarrer zweifelnd: »Erlaam S', Hochwird'n, guit a Tauf eigentli, wenn da Göd am God'l net amoi an suiwan Leffe schenkt?«

»Liaba Herr Pfarra«, jammert die Müllerin nach einer strengen Ermahnung des geistlichen Herrn, »mei Mo fluacht net, i fluach net, i woaß net, wo der Himmikreizsakramentshundsmalefizbua des Fluacha herhot.«

In der Münchner Trambahn fährt ein Betrunkener, der sich wüst und unflätig aufführt. Ein Pfarrer steigt zu und wendet sich voll Zorn und Abscheu an den Betrunkenen: »Eine Schande ist das, sich derartig zu besaufen! Sie saufen sich ja um den Verstand! Hätten Sie das Geld, das Sie vertrunken haben, lieber für arme Waisenkinder gestiftet, da hätte es seinen Sinn erfüllt!« Da wendet sich der Betrunkene dem Pfarrer zu, fixiert ihn mit glasigen Augen und stellt fest: »Wenn's Ihr as Krongknepfe vorn hätt's und's Hos'ntürl hint', nacha taats iwahaapts net sovui Wais'nkinda gem!«

Pfarrer: »Schaamst di gor net, Loni, d' Leid song, daß d' a Liabschaft host mit an Preiß'n, an Protestantisch'n!« Loni: »Aba Hochwird'n, er wui mi ja heirat'n!« Pfarrer: »Wos? Des aa no!«

»Maria Kindlein« war ein berühmter und beliebter Wallfahrtsort. Dorthin wallfahrteten alle jungen Frauen des ganzen Landes, um die Heilige Muttergottes um ein Kind anzuflehen. Auf dem Weg dorthin ist auch die junge Hechenbichlerin, die nach zweijähriger Ehe noch eine leere Wiege daheim hat. Unterwegs begegnet ihr die Mitterstätterin und fragt: »Gehst leicht nach Maria Kindl wallfahrt'n?« »Ja, woaßt eh, wia's schteht!« »Brauchst gor nimma weidageh, auf Kindl is nix mehr los, da junge Herr Kaplan is vasetzt worn.«

Bei einem Bergbauern ist der Böse im Stall. Die Kühe bringen keine Kälber, die Schafe keine Lämmer, Unfruchtbarkeit lagert wie ein Fluch über dem Vieh. Der Bauer und seine Bäuerin kommen zu der Überzeugung, daß etwas geschehen müsse, daß der Stall einmal ausgesegnet werden müsse. Sie gehen in ein in der Nähe liegendes Kloster und holen einen Pater, der den Viehstand segnen soll. Der Pater kommt, spricht seine Gebete, zündet Weihrauch an, verspritzt Weihwasser nach allen Seiten und versichert den Bauersleuten, es werde ab jetzt alles wieder gutgehen. Nach ein paar Monaten geht der Bauer einmal ins Tal hinunter, um zu beichten, und gerade der besagte Pater sitzt im Beichtstuhl. »Nun, wie hat meine Aussegnung gewirkt?« fragt er den Bauern. »Guat, ganz prima, Herr Pata«, antwortet der Bergbauer, »und d' Stalldirn hot aa a poor Schpritza dawischt.«

Ein altes Mutterl kommt zum Beichten: »Oiso, Hochwird'n, wiari an etla zwanz'g Johr oid war, do is da Girgl vom Untawirt zu mein Kammafenstal kemma...« »O mei, Mutterl, dafür hast doch schon längst die Absolution bekommen.« Da schaut die Alte ganz g'schamig und sagt: »'s waar mir ja net um d' Absaluzion, Hochwird'n, i denk bloß sovui gern dro.«

Im Vollsuff betritt der Ostermeierbauer die Pfarrkirche. Er torkelt herum, vor seinem Auge verschwimmen ihm die Konturen, nur noch schemenhaft nimmt er seine Umgebung wahr. Doch kein Rausch der Welt beeinträchtigt seine Großzügigkeit: »Da heilige Bädrus, dea is ma da Ollaliaba, dem zoi i a Maß. Und da heilige Alisi is aa a guada Mo, dem zoi i aa a Maß. Da Baule und da Miche kriang aa oane.« Da erblickt der Ostermeier den Herrn Pfarrer, der im Beichtstuhl sitzt. Lautstark fährt er fort: »Und dem, der wo do dort im Scheißheisl hockt, dem zoi i aa a Maß.«

Die ehr- und tugendsame Jungfrau und Pfarrersköchin Emerenz Zwicknagel quittiert nach langen Jahren ihren Dienst beim hochwürdigen Herrn Pfarrer, um zu heiraten. Kaum war sie mit dem Leitner Miche drei Monate verheiratet, da gebar sie einen gesunden Buben. »Jetzt so wos!« schreit der Bauer voller Verwunderung und schlägt die Hände über dem Kopf zusammen. »Zehn Johr host beim Pfarra deant und host koa Kind kriagt, und kaam bist mit mir vaheirat, do hamma aa scho an Buam!«

Der Mesner kommt zum Pfarrer und gesteht: »Herr Pfarra, i mecht heirat'n.« »So, was ist sie denn für eine?« »Eine Pfarrastochta is sie«, berichtet stolz der Mesner. »Also eine Protestantin«, tadelt Hochwürden. »Naa, Herr Pfarra, de meinige is a katholische Pfarrastochta.«

Der Herr Pfarrer fragt den Girgl: »Die welche vom Huber seine Töchter tätst denn gern heirat'n, die größere oder die kleinere?«
»De kleanare, Herr Pfarra.«
»So, warum denn, mein Sohn?«
»Weils hoaßt, ma soit oiwei des kleanare Übl wähln.«

Der Herr Pfarrer ermahnt die Häuslerin Hanni Dirrigl: »Müßiggang ist aller Laster Anfang, Dirriglin! ... Sie müssen Ihre Kinder frühzeitig an die Arbeit gewöhnen, liebe Frau!« Beflissen berichtet darauf die Dirriglin, wie sie ihren Sohn zur Arbeit erziehe: »Des tua i aa, Hochwird'n. Da Wastl muaß sein Vattan oiwei 's Bia hoin – do hot er an ganz'n Tag wos zum toa.«

39

Ein katholischer Priester sagt zu seinem Amtsbruder: »Mia wean de Aufhebung des Zölibats leida nimma dalem, awa unsane Kinda.«

In Ettal erkundigt sich eine Touristin nach der Führung: »Haben Sie hier auch einen Hausgeist?«
»Nein«, erwidert der Bruder, »aber einen guten Klosterlikör.«

Die Resl ist schon ein bisserl überstantig – sie ist nicht mehr die Jüngste und immer noch nicht verheiratet. Eines Tages aber geht sie zur Beichte und gesteht dem Pfarrer bedeutungsvoll und etwas verlegen: »Hochwürden, ich hätt jetzt einen …« Ernstlich ermahnt sie der Beichtvater: »Resl, nacha mußt du ihn halt lassen.« »I hätt eam scho lass'n, awa traut hot a se net«, gesteht die Resl treuherzig.

Franz Josef Strauß kommt an die Himmelstür und begehrt Einlaß. Petrus öffnet ihm und fragt: »Wer bist du?« Antwortet Strauß: »Ich bin das Gotteskind Franz und war der erste Mann in Bayern.« Darauf Petrus: »So? – Ich hätte mir aber Franz Beckenbauer anders vorgestellt.«

Der Dorfpfarrer zeigt einer Gruppe von Besuchern sein Dorfkirchlein. Da erkundigt sich jemand: »Herr Pfarrer, ist die Kirche nicht zu klein für die ganze Gemeinde?« »Ja wiss'n S'«, erklärt der Pfarrer gemütlich, »wenns olle neigeh dad'n, nacha gangatn s' net olle nei, aba weils net olle neigenga, gengas olle nei.«

Prost

I woaß net«, sinniert der Deiglmayr, »dahoam bin i gor net z' Haus, aba im Wirtshaus, do bin i dahoam.«

In einem Münchner Wirtshaus streitet man sich darüber, welches das älteste Wirtshaus von München sei. »Oiso, mei Wirtshaus is üba zwoahundat Johr oid«, wirft der Wirt stolz in die Diskussion ein. Boshaft antwortet ein Gast: »Des merkt ma aa an da Köinarin!«

Ein Olympiagast bestellte im Münchner Hofbräuhaus eine Maß Bier. Er trank die Maß und aß den Bierfilz dazu. Er bestellte die zweite Maß und aß ebenfalls den Bierfilz, den ihm die Kellnerin neu gebracht hatte, dazu. Bei der Bestellung der dritten Maß sagte der Gast: »Bringen Sie mir noch einen Liter Bier, aber diesmal ohne Keks, bitte.«

Der Herr Amtmann Pfletschinger hat seinen Samstagnachmittag beim Sternwirt zugebracht. Wehleidig klagt er seinem Gegenüber seine Schmerzen: »... Sie, des is wos Hart's, wamma leidend is! Mir hot da Dokta vorg'schrim, i soit nimma so vui Bia tringa, sondan mehra Wein. Jetzt hob i aba scho vier Maß Bia trunga, jetzt muaß i oiso no mindestens fünf Lita Wein tringa! ...«
 Darauf erwidert dem Herrn Amtmann Pfletschinger sein Tischnachbar mit viel Verständnis: »Dös kenn i, Herr Amtmann! Do muaß ma einfach hart sei mit sich söiwa, wia ma so sogt, net wahr. Schaung S' mi o! I hob in de letzt'n drei Johr jed'n Tag 16 Maß Bier trunga. Ab heit tring i de näxt'n drei Johr bloß no 15 Maß am Tag, und in drei Jahr tring i wieda drei Johr lang bloß no 14 Maß, net wahr! Und auf de Art und Weis', net wahr, Herr Amtmann, g'wohn i mia noch und noch die schädliche Sauferei ganz und gor ab, net wahr!«

»Hell oder dunkel?« fragt die Zenzi im Hofbräuhaus in der Schwemme einen alten Stammgast. Der raunzt grantig: »Kruzitürk'n, wia oft muaß i dir no song, de erst'n fünf Maß oiwei dunk'l!«

Norddeutscher: »Wissen Se, ick bin zum ersten Male in einem echten Münchner Bierjarten.« Münchner: »Des merkt ma – sunst daat'n S' Eana Mei hoit'n bei dera Hitz!«

Ein Preuße bestellt sich im Hofbräuhaus zu München eine Limonade. Die Kellnerin – wutschnaubend über diese unwürdige Bestellung – schiebt das Limoflaschl so ungehalten über den Tisch, daß das Limo über den Tisch und die Bank heruntertropft. Indigniert und entschuldigend wendet sich der Preuße an sein Gegenüber, einen Bayern: »Sie müssen schon entschuldigen, die Bedienungen heutzutage sind wirklich skandalös.« Darauf der Bayer: »Bei mir braucha S' Eana gor net entschuldig'n – ins Mei is ma ja nix neikemma.«

Im Wirtshaus wundert sich ein Gast, daß der Wirt dem Herrn Pfarrer eine Maß vom frisch angezapften Faß verspricht, obwohl er kurz vorher erklärt hatte, es sei kein frisch angezapftes Faß da. Der Gast ruft den Wirt herbei und stellt ihn zur Rede. Vorhin, als er eine frisch angezapfte Maß bestellt habe, sei keine dagewesen. »Is ja aa net frisch o'zapft«, verrät der Wirt, »aba sunst mog a's net.« »Das ist doch Betrug!« stellt der Gast entrüstet fest. »Des macht nix«, meint der Wirt treuherzig, »am Samstag muaß i 's eam sowieso beicht'n.«

Der Bezirksamtmann spricht beim Moserwirt vor, weil sich die Nachbarschaft wegen Lärmbelästigung durch Wirtshausraufereien beschwert hatte: »Aber Moser, früher war es so ruhig hier, und jetzt wird wieder jeden Samstag gerauft!« Gibt der Moser zur Antwort: »Ja, ja, Herr Bezirksoberamtmann, mein Vatta selig hot de Wirtschaft recht runtakemma lass'n, aba jetzt – Gott sei ddank – hob i s' wieda auf d' Höh 'brocht.«

Ein Nachbar fragt den Herrn Wamperl: »No, Herr Nachba, wia war's denn gestern beim Maibock – wia vui ham S' denn trunga?« »Zu viert hamma hoit neun Maß zammbrocht«, sagt der Wamperl. »Des is net z' vui – war da Herr Huber aa dabei?« »Naa, i war bloß mit meine drei Maderl drauß.«

Der Vater nimmt das vierjährige Lieserl und den sechsjährigen Hansi mit in den Biergarten. Nach der vierten Maß befällt ihn eine Welle von Vaterliebe, und wohlwollend sagt er zu seinen Kleinen: »Kinda, trinkt's aa amoi mit!« »Is ja nix mehr drin, Babba«, piepsen die zwei. »Ja Herrschaftseit'n, do hört si doch ois auf, jetzt muaß i zwengs eich nomoi a frische Maß bschtöin.«

Der Wastl ißt gerade Weißwürste, da bemerkt er am Nebentisch plötzlich seinen Erzfeind und sagt daraufhin zu seinem Spezi: »Toni, i hob jetzt koa Zeit – gib du dem Sepp do drüm a boor Watsch'n, i gib da s' hernoch z'ruck.«

Sagt der Michl zum Girgl, der ein Mordsloch im Schädel hat: »Du, aus dein Schäd'l hot's dara ganz schens Loch ausakaut bei da letzt'n Raffarei.« Darauf meint der Girgl selbstbewußt: »Aus 'm Sepp sein Kriagl scho aa!«

Am Nockherberg bestellt sich ein Gast zu seinem Bier ein Stück Brot dazu. Er wartet und wartet. Immer wieder läuft die Resi mit zehn vollen Maßkrügen an ihm vorbei und beruhigt ihn jedesmal: »As Brot kimmt glei!« Endlich kommt die Scheibe Brot. »Ja, wos is denn des, des Brot is ja ganz noß«, reklamiert der Gast. »Sie san guat«, schnauft die Resi, »wos glaam denn Sie, wiari untam Arm schwitz?«

In der Wirtschaft beschwert sich ein Gast: »Ich weiß nicht, warum mir heute das Bier überhaupt nicht schmeckt. Das gestrige war viel besser.« Entrüstet antwortet die Wirtin: »Wos woin S'n, des is ja des Bia vo gestern.«

Ein Kellner fragt seinen Kollegen: »Du, konnst du Französisch?«

»Yes«, antwortet dieser.

»Des is doch gor net französisch, sondern englisch.«

»Wos?« sagt der Kollege überrascht, »Englisch kon i aa?«

Der Arzt ermahnt den Huberbauern: »Ich muß Ihnen dringend raten, nicht zuviel Bier zu trinken, Huber. Das wäre sehr schädlich für Sie.«

Huber: »Naa, naa, Dokta, da brauchas Eana koane Sorng net macha, z'vui weads mia nia.«

Sternhagelbesoffen kommt der Huber mitten in der Nacht vom Wirtshaus heim. Seine Frau macht ihm bittere Vorwürfe: »Jetzat bist wieda bsuffa, du oida Saubär, host ma net hoch und heili vasprocha, daßt nia wieda an Enzian oglangst?« Da winselt er: »Du host ja recht, Mausi, wos glaabst, wia lang des dauat hot, bis i mi an den Obstla g'wöhnt hob?«

Ein Tourist aus dem Norden beobachtet im Biergarten einen Bayern, der schon die vierte Maß Bier trinkt. »Donnerwetter, Sie haben aber einen großen Durst«, sagt er endlich staunend. »Wos, an Duascht? – Naa, mei Liaba, so weit lass' i's glei gor net kemma.«

Viechereien

Frau Wimmer, Sie sagen in letzter Zeit immer ›Vetter‹ zum Herrn Huber – ich habe gar nicht gewußt, daß Sie verwandt sind.« »Verwandt samma eigentli net – oda wia ma's nimmt – am Huaba sei Waldi is nämle da Vatta von unsam Lumpi.«

In einem Wirtshaus in München ergab sich folgendes Streitgespräch um ein Hunderl: »Nehmen S' den Hund vom Tisch weg – das Vieh hat Flöh'!« »So! Woher wissen Sie denn das?« »Ich hab schon welche von ihm bekommen!« »Hm, Sie haben welche! – Komm Schnauzl, mia genga, der Herr hat Flöh'!«

Der Tierarzt wird auf dem Land auch Rucksackstier genannt, weil man in jüngster Zeit die Kühe nicht mehr ausschließlich einem Stier zum Decken zutreibt, sondern weil der Tierarzt auch eine künstliche Besamung vornehmen kann; nicht selten wird er dabei die dazu nötigen Gerätschaften und Materialien in einem Rucksack mit sich führen, weshalb er schließlich zu dem etwas groben, aber doch treffenden Spitznamen gekommen ist.

Der Rucksackstier kommt also einmal auf einen Hof, um bei einer stierigen Kuh seines Amtes zu walten. Er betritt den Stall. Die Magd hockt hinter einer Kuh und melkt. »Wo is nacha de schtiarige Kua?« fragt der Tierarzt. »Ganz hint auf da recht'n Seit'n«, sagt die Magd, und in Verkennung des Sachverhalts schreit sie ihm nach: »Do is aara Nogl in da Wand, do konst dei Hos'n aufhenga!«

Ein Zebra, das aus einem Tierpark entlaufen ist, kommt auf einen Bauernhof, trifft dort ein Huhn und fragt es: »Wer bist du?« »I bin a Hena«, sagt das Huhn. »Was machst du?« fragt das Zebra. »I leg Oar«, sagt das Huhn. Das Zebra geht in den Stall. Dort sieht es eine Kuh und fragt sie: »Wer bist du?« »I bin a Kua«, sagt diese. »Und was machst du?« »I gib a Milli.« Da geht das Zebra weiter und trifft den Bullen. »Wer bist du?« fragt das Zebra wieder. »I bin da Schtia«, antwortet der. »Was machst du?« »Wannst dein Schlafanzug ausziagst, dann zoag i dia, wos i mach!«

Die Bäuerin vom Oberleiner Hof sinniert beim Hühnerfüttern vor sich hin, und man hört, wie sie halblaut folgende Logik entwickelt: »De Hena san eigentli dappige Luada, daß grad dann so weni leng, wenn d' Oar am deiast'n san.«

Ein Münchner Kocherl liest in der Zeitung, daß das Rennpferd Ferdl den ersten Preis von 50 000 Mark gewonnen hat, und macht sich folgende Gedanken: »Sakra, wos werd jetzt des Viech mit dem Hauffa Göid ofanga?«

»I hätt an Hund zum vakaffa, a schens Viechal«, sagt der Herr Pföderl zu seinem Freund, dem Herrn Berger. »Schaug nur grod, wos des Hundal für treie Aung hot und absalutt reinrassig is' und foing tuat's, daß' a Freid is.« Der Pföderl lobt seinen Hund in den höchsten Tönen. »Wos kosta denn?« fragt der Berger endlich. »Dreißigtausend Mark«, antwortet der Pföderl. »Pfiat di God, des glaabst ja söiwa net, daß da i des Hundsviech um des Göid obkaaf«, sagt da der Berger und geht. »Brauchst net, i find scho an Kaiffa«, schreit ihm der Pföderl nach. Ein paar Tage später treffen sich die beiden wieder auf der Straße. »Host nacha dein Hund vakafft?« frozzelt der Berger schon von weitem. »Ja freili«, triumphiert der Pföderl. »Und de dreißigtausend Mark, host de kriagt?« fragt der Berger ungläubig. »Ja«, sagt der Pföderl, »diarekt in bar hob i's net kriagt, dafür aba zwoa Hena à fuchzehntausend Mark.«

»Du Babba, schtimmt des, daß manche Viecha jed's Johr an neia Böiz kriang?« fragt der Pepperl seinen Vater. »Ja – aba daß ja d' Mama nix davon erfahrt.«

Der Landarzt kommt zum ersten Mal beim Huberbauern vorbei und tadelt sogleich einen akuten Mißstand, den er auf dem Hof feststellt. »Huber, du weißt doch, der Schweinestall soll nicht so nahe beim Haus stehen; das ist ungesund!« Darauf erwidert der Huberbauer gelassen: »Do teisch'n S' Eana, Herr Dokta, de Sau is no koan Tag krank g'wen.«

Im Forstenrieder Park wird ein Spaziergänger von einer Wildsau verfolgt. Er rennt und rennt; denn es geht um Leben oder Tod. Doch nach langer Verfolgungsjagd kann er nicht mehr, ihm ist alles gleich. Er läßt sich auf einen Baumstumpf niederfallen und verschnauft. Es rührt sich nichts. In ihm keimt die Hoffnung, der Verfolger sei abgeschüttelt. Vorsichtig dreht er den Kopf nach hinten, doch da blickt er in die tückisch funkelnden Schweinsaugen. Die Sau grunzt: »Wos is, pack ma 's wieda?«

»Sie sind um Ihren Appetit zu beneiden, Herr Wamperl! Vorhin haben Sie Beefsteak mit Kartoffeln gegessen, und jetzt, nach kaum einer halben Stunde, bestellen Sie sich eine Portion Schweinsknöcherln mit Sauerkraut.« »Ja, wiss'n S', Herr Nachbar, des iß i bloß mein Schnauzl z'liab. Der hot zerscht nix kriagt – bei de Knechal foit doch wos für eam ob.«

Bei den Schaffers geht's ganz notig runter. Der Schaffer ist arbeitslos. Die Kinder plärren, weil sie Hunger haben. Die Mäuse schaun mit verweinten Augen aus den leeren Schubladen. Man weiß sich nicht mehr zu helfen und beschließt in der höchsten Not: »Da Hund muaß g'schlacht' wern!« Schweren Herzens, Rotz und Wasser heulend, sticht der Schaffer das magere Hunderl ab, die Schafferin rafft ihre Nerven zusammen und bereitet den Braten zu. Die Familie wird von dem Fleischgericht endlich wieder einmal satt; sauber sind die Knochen abgenagt. Da schluchzt die Schafferin auf einmal auf: »Schad, daß ma unsan Lumpi nimma ham – jetzt hätt ma wieda a por Boanderl für eam.«

Die berühmte Münchner Ratschkatl Ida Schumacher erzählt ihr Erlebnis mit einem Hundebesitzer: »Oiso, do bin i aus da Haustür rauskemma, und do beißt mi a Hundsviech in d' Wadl. ›Sie‹, hob i zu dem Besitza g'sagt, ›Eana Hundsviech hat mi biss'n.‹ Sagt der glatt zu mia: ›Guat, daß ma's song, na koan i eam glei 's Mei desinfizier'n lass'n.‹«

Bei einer Auktion wird ein wunderbarer Papagei versteigert, ein seltenes, farbenprächtiges Exemplar.

Ein Liebhaber möchte ihn unbedingt haben. Der Preis wird höher und höher. Die Mitbewerber haben längst aufgegeben, nur einer bietet immer noch mit. Endlich bei 2000 Mark bekommt der Liebhaber den Zuschlag. Als er das Tier in Empfang nimmt, fragt er den Auktionator: »Jetzt hob i so an teiern Vog'l kaaft, ko er wenigst'ns red'n?« »Ja freili«, sagt der Auktionator, »wer, glaam S', hot denn bis zum Schluß mitg'schteigat?«

Ein Schäferhund schaut im ersten Stock aus dem Fenster. Auf der Straße kommt ein Boxer daher. Er sieht den Schäferhund und bellt zu ihm hinauf: »Kimm, geh a bissal mit mir schbaziern, mir is so langweile.« »Meine Leid san net dahoam, und i ko' net obakemma!« bellt der Schäferhund zurück. »Nacha hupf hoit zum Fensta oba!« »Moanst, i mecht nacha aa so ausschaung wia du!«

Das Programm einer landwirtschaftlichen Ausstellung lautete folgendermaßen: Um 11 Uhr: Ankunft des Horn- und Borstenviehs; um 12 Uhr: Ankunft der Ehrengäste; um 13 Uhr: Gemeinschaftliches Mittagessen.

Die Hündin ist läufig; der Maxl ist noch so klein, daß er davon nichts versteht. Seine Mutter will auch nicht mit der Sprache heraus, um den Sachverhalt zu klären, und so sagt sie nur in besonders eindringlichem Ton: »Daß mir fei ja nix mit da Susi passiert beim Schbazierngehn. Tua fei guat aufpass'n.« »Ja freili«, sagt der Maxl und geht mit der Susi spazieren. Nach einer halben Stunde kommt er nach Hause, doch ohne Susi. »Ja, was is denn, wo hast denn d' Susi lass'n?« fragt ihn gleich seine Mutter. »I woaß' net«, berichtet der Maxl, »i glaab, es is ihr schlecht worn, und do is a andara Hund kemma, der schiabt s' jetzt hoam.«

Treffen sich ein paar Kühe nach dem Almabtrieb im Dorf unten und erzählen sich ihre sommerlichen Almerlebnisse. Sagt die erste: »Bei uns war's eigentli heier so wia oiwei, mia ham unsan Schtia dabeig'habt, den vo vorigs Johr, und 's war recht sche.« Sagt die zweite: »Mia ham an ganz junga Schtia g'habt, des war a Gaudi, do is' hoch herganga!« Sagt die dritte: »Oiso i sag's, wia's is, unsa Schtia war so oid, daß' nimma sche war.« »Des is ja no gor nix!« sagt die vierte: »Mia ham an Ox'n dabeig'habt, und dea hot uns de ganze Zeit nix wia von seina Oparazion vazöit.«

»Wo is denn Eana Mo?« fragt eine Regenwurmfrau die andere.
»Mei Mo? – Ja der is beim Angln«, antwortet diese nachdenklich.

Der Stier hat auf der Alm ein eigenes Gehege. Auf der Weide nebenan grasen die Kühe. Immer wieder schauen sie sehnsuchtsvoll zu ihm hinüber und rufen: »Hannibal, kimm ummi!«
»I ko ja ned, wega dem Schdachldroht!« schreit er zurück.
Sie schreien aber immer wieder nach ihm, und endlich faßt er Mut und springt hinüber.
»Do bist ja endli, Hannibal«, jubeln sie erfreut.

Aber traurig antwortet er: »Sogts Hanni zu mir, da Bal hängt am Schdachldroht.«

»Du schaug amoi«, sagt ein Dorfdepp zum anderen, »do drobn fliagt a Kua.« »Des is awa ollahand«, wundert sich der andere. »Wiaso is des ollahand?« »Ja, weil doch eigentli jetzt Zeit zum Moicha (Melken) is.«

Zwei Spatzen sitzen im Englischen Garten in München auf einem Baum und äugen herab auf all die Nackerten auf der Liegewiese. »Komisch«, sagt der eine. »Was?« fragt der andere. »Komisch is, daß de do drunt um de Zeit olle mitanand in da Mausa san.«

Der Dackel Waldi darf mit seinem Herrle nach Riem zum Pferderennen. Da sieht er, wie ein Jockey vom Pferd steigt und mit deutlich ausgeprägten O-Beinen in Richtung Stall stiefelt. Der Waldi denkt sich: »Es gibt also auch noch schöne Menschen.«

Zuag'roaste

»Ja pfui Deifi«, grantelt ein Münchner beim Betreten seines Schwabinger Stammlokals, »do herin schdinkt's.« »Wenn et Ihnen bei uns in Schwabing nicht paßt, Männeken, denn vaschwind'n Se jefälligst«, weist ihn ein Preiß zurecht.

In der Wirtsstube braut sich Unheil zusammen. Schon frozzeln sich die Burschen gegenseitig. Ein Sommerfrischler, der mit seiner Familie in der Stube sitzt, wendet sich vorsichtig an die Kellnerin: »Es ist wohl Zeit, daß wir uns zurückziehen? Der Streit dieser Leute

wird gleich in eine Rauferei übergehen.« Da beruhigt ihn die Kati, nachdem sie die Lage sachkundig überblickt hat: »Do kenna S' ruhig sitz'n bleim. Solang wia d' Wirtin net d' Kriagln auf d' Seit'n ramt, hot's no koa G'fahr.«

Eine fröhliche Touristenschar wandert auf Lenggries zu. Einer der Sommergäste hat einen Schluckauf, und alle paar Schritte muß er hicksen. Hinter ihm geht schon eine ganze Zeit lang ein Holzknecht. Der reißt plötzlich sein Hackl in die Höhe, dringt auf den Touristen ein und schreit ihn an: »Hob i di jetzt endli, du Himmisakra!« Entsetzt knickt der Wanderer in die Knie, fährt herum und – schaut in das freundlich lachende Gesicht des Holzknechts, der gemütlich meint: »So, jetzt werd da Schnackla woi vorbei sei'.«

»Na, hat's g'schmeckt?« fragt der Wirt den Gast. »Ich habe schon mal besser gegessen«, erwiderte der. »Aba g'wiß net bei mir!« meint der Wirt.

Der Herr Medizinalrat, der auf dem Land in Sommerfrische ist, besucht den kranken Kreuzhofbauern und erteilt ihm streng einige Verhaltensmaßregeln: »Das eine sag' ich dir, Kreuzhofbauer: schonen, schonen und strengste Diät – und nur ja keine geistige Arbeit und aufregende Lektüre!«

In der Frühe bemerkt ein Kurgast erfreut: »Heute steht der Wetterhahn nach Osten, da wird der ewige Regen bald aufhören.« »O mei, o mei«, lacht der

Hoteldiener, »den hot da Gemeinderat so festnog'ln lass'n, daß d' Gäst d' Hoffnung net aufgem.«

»No, wia g'fallts Eana bei uns im Gebirg?« fragt die Wirtin einen Sommerkurgast. »Ausgezeichnet«, sagt der, »wenn nur der ewige Regen einmal nachließe!« »Nur Geduid«, beruhigt ihn die Wirtin, »wann da Schnää kimmt, nacha werd a scho aufhern.«

»O diese Landluft bekommt mir ausgezeichnet! Ich werde von Tag zu Tag jünger«, schwärmt das Fräulein

Oberstudienrat, ein recht spätes Mädchen von nördlich der Weißwurstgrenze. Scheinheilig sagt's Wirtstöchterl drauf: »San S' eppa no net lang do, Freilein?«

Eine Dame wendet sich schriftlich an das Bürgermeisterbüro im Hinterfirmiansdorf im Bayerischen Wald und fragt an, ob es im Ort die Möglichkeit zu einem Erholungsurlaub gebe. Sie wünsche sich so sehr die Abgeschiedenheit und das einfache Leben auf dem Lande, doch wolle sie auf jeden Fall wissen, ob sie auch mit WC rechnen könne. Der Bürgermeister liest den Brief. Zur Beantwortung ruft er einige Mitglieder des Gemeinderats zu Hilfe. Sie machen sich gemeinsam an die geistige Arbeit, doch scheitern sie an dem Bedeutungsinhalt von WC. Sie rätseln hin und her und kommen schließlich zu dem Schluß, daß es sich hierbei nur um eine Wald-Capelle handeln könne. Sie schreiben zurück: »... Bei uns im Wald hint' is' sche. Mia ham's einsam und einfach wi Sie's wolen. Ein WC ham mir auch. Es liegt auserhalb vom Ort im Wald, miten auf einer Wihse unter einem Eichenbaam. Wann man hinkumpt, kan man jädesmal die Glock'n leitn ...«

Aus Bayern heimgekehrter Urlauber schildert seine Erlebnisse: »Alpen jewesen, fabelhafte Strapazen, 2000 Meter über dem Meeresspiegel, acht Tage nur von Lämmergeiereiern und Edelweißwurzelsalat jelebt!«

Ein ganz neugieriger Preuße will vom Reserl wissen: »Sagen Se mal, wat is denn ejentlich für en Unterschied zwischen nem Kuß und nem Busserl?« »Des ko i Eana scho erklär'n«, lacht das Reserl: »A Kuß is, wammara Bussal kriagt, und a Bussal is, wammaran Kuß heagibt.«

Ein Fremder sagt zu einem Rausschmeißer bei einer Kirchweih: »Dieses ewige Ruhestiften! Sie haben ja auch nicht gerade den angenehmsten Posten!« Da meint der Rausschmeißer, der gerade einen Raufbold hinausbefördert, mitleidig: »O mei, es Schdodleid wißts ja net, wos sche is.«

In Mittenwald spricht einer auf der Straße einen Passanten an: »Entschuldigen Sie bitte, ist das da oben der Mond?« »I woaß net, i bi selwa net vo do!« erwidert der Angesprochene, ein Tourist aus München.

Ein Gast wundert sich im Alpenhotel.
»Was, nur zwei Mark fünfzig kostet diese Gänseleberpastete, das ist aber sehr preiswert.«
Ebenfalls verwundert antwortet der Ober: »Tatsächli, vorige Woch hot desöibe Bastätn no 's Vierfache kost.«

Beim Wirt »Zum Kreuz« bestellt eine Dame einen Schweinebraten. Sie bekommt ihn serviert und muß leider feststellen, daß der Braten hauptsächlich aus Fett und Schwarte besteht. Sie mag sich nicht beschweren, und so füttert sie heimlich den Wirtshund, der unter dem Tisch treuherzig zu ihr hinaufblinzelt. Auf einmal bemerkt der Wirt, was da vor sich geht. Zornig geht er auf die Dame los und fährt sie an:

»Herrschaftseit'n, gem S' doch dem Hundsviech net des fette Zeig, dea schbeibt ma ja rei!«

Sommergast auf dem Land zu einigen herumstehenden Feuerwehrleuten: »Muß bei Ihnen nicht jeder tüchtig zupacken?«
Bauer: »Hm – mia san a freiwillige Feiawehr.«

Ein Preuße kommt in München am Hauptbahnhof an. Er geht auf zwei Bayern zu und fragt: »Sajen Se mal, wo is denn hier det Hofbräuhaus?«
– Keine Antwort.
Er versucht es noch einmal: »Ou est le Hofbräuhaus, s'il vous plaît?«
– Keine Antwort.
»Excuse me, where is the Hofbräuhaus?« versucht er es wieder.
– Keine Antwort.
»Per piaccre, dov' è il Hofbräuhaus?«
Als er wieder keine Antwort erhält, geht er achselzuckend weiter.
Sagt der eine Bayer zum anderen: »Sigstas, de Preiß'n, in drei Schbrachn frongs nachm Hofbräuhaus.«
»Ja«, sagt der andere geringschätzig, »aba nutzn tuats eana nix.«

Ein Gast moniert in einer beliebten Ausflugsgaststätte: »Herr Ober, nehmen Sie doch beim Servieren Ihren Finger aus meiner Suppe!«
Gutmütig antwortet ihm der Ober: »Dengas Eana nix, des macht gor nix, weil de Supp'n praktisch sowiaso koid is.«

Der Kramer vom Oberdorf führt in der Sommersaison neben seinen sonstigen Gemischtwaren auch Wanderkarten, Bücher und Schallplatten, um den Ansprüchen der Gäste entgegenzukommen.

Eine Dame betritt den Laden und äußert ihren Wunsch: »Ich hätte gerne Brahms' Künstlerleben.«

Verkäuferin: »Ham mia net, aba ganz wos Ähnlichs hätt ma do.«

»Was denn?«

»Brehms Tierleben.«

Gast: »Det Bia is schlecht!«
Wirt: »Naa, des Bia is guat. Wiss'n S', mia ham des Bia im Kella, do weads mit am Schlauch raufpumpt, und do wead hoet da Schlauch a bißl dreckat sei, aba mitm Bia hots nix, des is guat!«

Ein Bayer und ein Preuße unterhalten sich über die immer unsicherer werdenden Verhältnisse. Vor allem im Urlaub sei es so gefährlich, meint der Preuße, besonders im Süden, wo einem so viel gestohlen werde.

Der Preuße: »Also ick leje mir sicherheitshalber nachts jrundsätzlich immer uff meene Jeldbörse.«

Der Bayer, dem das Gespräch längst lästig geworden ist: »Des kon i net vadrong, weil i leida net so hoch schlaffa kon.«

Kurgast im Wirtshaus: »Das sind ja nur Knochen, die Sie mir da gebracht haben.«

Wirtin: »Macht nix, mia ham ja aa zwoa Hundal.«

Der Sonntagsjäger kommt nach langer Zeit wieder einmal zum Wildbrethändler. Freudig begrüßt ihn der Verkäufer: »Griaß God, Herr Direkta, i hob Eana jetzt scho lang nimma g'seng, schiaß'n Sie jetzt öfta beim Tenglmann?«

Ein Bayer, ein Berliner und ein Schweizer sitzen zusammen im Schnellzug nach Basel. Nach langem Schweigen fragt der Schweizer den Berliner: »Sind Sie schon einmal ind'r Schwiz gsi?« Der Berliner fragt verständnislos zurück: »Wat denn, gsi?« Da mischt sich der Bayer ein: »Gwen moant a!«

Nervös blickt ein Berliner immer wieder auf die Uhr, als der Zug unerklärlich lange auf einem kleinen Bahnhof stehenbleibt. Der im selben Abteil sitzende Bayer bemerkt seine Nervosität und versucht ihn zu beruhigen: »Der Zug is ollawei auf d' Minutn pünktli, mit dem fahr i scho seit fuchzehn Johr.« Da gerät der Berliner schier aus der Fassung und schreit: »Um Jottes willen, Mann, sajen Se, wo sind Se denn da einjestiegen?«

Gschwerl, Kare und Lucke

Ein alter Herumtreiber und Pennbruder entschließt sich, einmal wieder zu baden. Er fragt an der Kasse des Nordbades in München: »Bittschen, Herr Kassiera, wiavui kost' a Wannabod?« »Sechzig Pfennige«, lautet die Auskunft. »Des is aba teia«, meint der Penner. Da bekommt er den guten Rat: »Nehmen Sie doch eine Karte für zehn Bäder, die kostet nur vier Mark.« »Zehn Bäder!« überlegt er, »wer woaß, ob i iwahaupts no zehn Johr leb.«

Ein Herr von auswärts geht in die Freisinger Landstraße in München, wo die Damen vom horizontalen Gewerbe stehen, und fragt die erste: »Bist du d' Lilo vo Oidehding?« »Na«, sagt sie, »des bin i net, d' Lilo arwat hundert Meta weida vorn.« Er geht vor und fragt das Mädchen, das dort steht: »Bist du d' Lilo von Oidehding?« »Ja, de bin i.« Der Herr und die Lilo werden bald handeleins, gehen gemeinsam zur Lilo, und beim Abschied gibt der Herr der Lilo statt der geforderten 50 Mark 300 Mark. Ein paar Tage später kommt derselbe Herr wieder zur Lilo und gibt ihr wieder 300 Mark. »Des is a G'wappeta, den muaß i ma warmhoit'n«, denkt sich die Lilo, und als er ihr

beim dritten Mal wieder 300 Mark gibt, fragt sie ihn, warum er so großzügig sei. »Ja woaßt, Lilo«, antwortet er, »i bin aa vo Oidehding und kenn dei Muatta recht guat, und de hot zu mia g'sogt, wanne amoi auf Minga kimm, na soitada de 900 Mark gem, wo s' da schulde is.«

Der Hausherr findet bei seiner Heimkunft einen Einbrecher unter seinem Bett und ruft entsetzt: »Was suchen Sie hier, unter dem Bett?«

Pampig fährt ihn der Einbrecher an: »Sie kenna vo mia schliaßle net valanga, daß i mi ins Bett neiflack bei deara Hitz!«

Zwei Gammler treffen auf der Leopoldstraße in Schwabing einen katholischen Priester, der ein Bein in Gips trägt. »Griaß God, Merkwürden«, ärgern sie Hochwürden. »Sie ham ja an Fuaß in Gips, wia is denn des passirt?« fragen sie schadenfroh weiter. Der Priester ist im Umgang mit solchem Gesindel geschult und läßt sich daher durch die Schadenfreude nicht aus der Reserve locken und antwortet ruhig und freundlich: »Ich bin in der Badewanne ausgerutscht und habe mir beim Fallen das Bein gebrochen.« »So!« sagen die beiden und starren dem weghinkenden Pfarrer nach. »Du«, sagt der eine nach einer Weile zum anderen, »wos is'n eigentli' a Bohdwanna?« »I woaß net, wos frogst'n do mi«, sagt der andere, »i bin doch net katholisch.«

Zwei Herumtreiber treffen sich nach langer Zeit wieder einmal. Der eine sitzt mit Anzug, Schlips und Hut im Mercedes, der andere schlurft abgerissen in alten Kleidern und Schuhen daher. »Ja, da schaug hea, da Witsche im Mercedes!« schreit der zerlumpte Xare. Stolzgeschwellt berichtet der Witsche, daß er auch eine Villa habe. »I hob nix«, antwortet der Xare, »i sauf nämle firchterlich.« Einen Swimmingpool habe er auch, erzählt der Witsche weiter. »Hob i aa net«, sagte der Xare, »weil i so greisle vui sauf!« Nach einiger Zeit treffen sich die beiden wieder. Diesmal sitzt der Xare in einem nagelneuen Porsche. Dem Witsche fällt vor Staunen die Jalousie herunter: »Ja do legst di nida, da Xare im Auto! Wia is'n des zuaganga?« »Ganz oafach«, sagt der Xare, »i hob olle Flasch'ln z'ruckgem.«

Ein Ganove überfällt auf der dunklen Straße einen friedlichen Passanten. »Göid her oda Lem!« schreit er. »Um Gods Wuin tua ma nix, i hob koa Geld, do is mei Geldbeid'l, aba do is nix drin«, stammelt der Überfallene voller Angst. »Nacha gibst ma dein Ehering!« »I hob koan Ehering, i bin net vaheirat, i hob iwahaupts nix, laß me laffa!« »Ja Kruzetirk'n, is'n bei dir gor nix zum hoin! Wos bist'n du von Beruf?« »Mewepacka.« »So, Mewepacka«, wiederholt der Gangster unschlüssig, »nacha trogst me wenegst'ns a Schtikl!«

Ein Münchner Vorstadtcasanova aus Trudering hat geheiratet. Eines Tages trifft er einen alten Bekannten und erzählt ihm, daß er nun verheiratet sei und mit wem. »Wos«, sagt sein Bekannter, »de host du g'heirat, des war de gräßte Schnoin von Pasing – aba mi geht's ja nix o.« Aufgebracht läuft der so Aufgeklärte nach Hause. Als er nach einiger Zeit seinen alten Freund wieder trifft, antwortet er auf dessen Frage, ob er noch verheiratet sei, seelenruhig: »Ja, woaßt', i bin extra mit da Trambahn hig'fahrn – Pasing is gor net so groß.«

Der Kare und der Lucke sind im Wirtshaus. Der Lucke gibt so fürchterlich an, daß es dem Kare schon peinlich ist. Er stößt ihn an und sagt: »Gib doch net so o wiara Schteing voi Aff'n!« »Woaßt«, sagt der Lucke, »i wui gor net ogem, aba es rutscht ma hoit so raus.« »Oiso dann giwada jed'smoi, wennst wieda aufschneid'st, an Stessa, daß da's merkst«, sagt der Kare, »aba i muaß z'erscht amoi schnöi naus.« Wie der Kare wieder hereinkommt, stehen die Leute um den Lucke herum, der schon wieder maßlos übertreibt: »... do hob i a Zimma g'habt, des war hundert Meta lang und ...« – Kare gibt ihm einen Rempler – »... d-dreißg Zantimeta b-breit«, stottert der Lucke verlegen.

Sagt der Kare zum Lucke: »Wia geht's Gschäft?« »I bin z'fridn«, sagt der Lucke, »in da Friah vakaaf i meine zwoa Briafdam, und auf d' Nacht san s' wieda do.«

Der Lucke hat im Lotto gewonnen. Er kauft sich eine große Villa mit Park und Swimmingpool und führt ein Leben im gehobenen Stil, so daß er gar keine Gelegenheit mehr hat, seinen Freund aus früheren, schlechteren Zeiten wieder zu treffen. Der Kare denkt sich: »'s werd eam doch nix Arg's passiert sei', weil a gor nix hern laßt« und entschließt sich, beim Lucke anzurufen. Beim Lucke nimmt die Hausangestellte den Hörer ab und gibt die Auskunft: »Der Herr Ludowitschi liegt auf der Terrasse.« »So, so«, antwortet der Kare, »friara hot's Therese g'hoaß'n.«

Der Lucke trifft den Kare kurz vor Weihnachten und fragt: »Wos host'n deina Frau zum Christkind'l kaaft?« »A Rennpferd«, antwortet der Kare. »Schbinnst du, oda host du im Lotto g'wunna?« zweifelt der Lukke. »Na, woaßt', i kaaf des Roß pfundweis, und fias erschte hob i amoi a hoiwats Pfund g'nomma.«

»Woaßt du, wer der Einstein is?« fragt der Lucke, der die Volkshochschule besucht, den Kare. »Naa, des woaß i net. Aba woaßt du, wer der Zweistein is?« fragt der Kare zurück. »Naa.« Darauf der Kare: »Da Zweistein is dea, dea wo bei deina Oidn is, wannst du in der Volkshochschui hockst.«

Der Kare ist von einer Straßenwalze überfahren worden und liegt im Krankenhaus. Der Lucke will ihn besuchen.
Auf dem Krankenhausflur begegnet er einer Krankenschwester und spricht sie an: »I mecht an Kare b'suacha, wo ligtan?« »I kenn koan Kare – wos hotan?« fragt die Schwester. »Earis vonara Dampfwoiz'n iwafahrn worn.« »Ah, den moana S', dea liegt auf Zimma zwoarazwanzg, dreiazwanzg und virazwanzg.«

Der Lucke muß ans Telefon. Die anderen Bauarbeiter schauen ihm gespannt nach. Der Lucke überlegt schon, wer ihn anrufen könne, ob man ihm vielleicht auf irgendein Gaunerstückchen gekommen sei. Am Apparat ist jedoch ein Arzt, der ihm mitteilt, daß er sofort nach Hause kommen solle; seine Frau liege schwerkrank mit Meningitis im Bett. Der Lucke ist einen Augenblick wie betäubt, dann bricht es aus ihm heraus: »Den z'reiß i in da Luft, den Schlawina den hundsheidan, den wenn i dawisch, den hau i ung'schbitzt in' Bon eine, den Katzlmacha, den Itaka den g'schnieglt'n, daß a d' Schbagedde vo unt wax'n hert!«

Während der Kare als Vertreter unterwegs ist, ist der Lucke beim Kare seiner Alten. Unerwartet kommt der Kare heim. Der Lucke springt grad noch in den Kleiderkasten, da steht der Kare auch schon mitten im Zimmer. Pudelnackt und verlegen steht sein Muckerl da.

Kare: »Ja, wos is denn mit dir los, host denn du koa Gwand ned?« »Naa, i hob absalut gor nix zum Oziang, Kare«, wuislt sie.

Kare: »Des gibt's doch ned. Laß ma amoi in Kastn neischaug. – Sigstas, do san doch gnua Gwanta: Do is des Rote und des Grüne, servus Lucke, und do is des G'schtreifte und des Blaue ...«

Der Kare trifft den Lucke am Bahnhof. Der Lucke ist im Jägeranzug, hat seine Büchse geschultert, einen Rucksack am Buckel und sieht ganz waidmännisch aus. »Wos is'n mit dia los?« fragt ihn der Kare, »gehst du auf d' Jagd?« »Ja«, sagt der Lucke. »Wo host'n dein Hund?« »Hund hob i no koan«, gibt der Lucke zu. »Woaßt wos, i mach daran Hund«, schlägt der Kare vor. »Wennst moanst, nacha fahrn ma«, stimmt der Lucke zu.

Sie steigen in den Zug und fahren hinaus. Im Wald kommen sie an ein Erdloch. Der Kare legt sich davor, bellt hinein, der Fuchs kommt heraus, und der Lucke erlegt ihn mit einem Schuß. Erfreut über ihren Erfolg gehen sie weiter und kommen an ein noch größeres Loch. Der Kare legt sich davor, bellt hinein, ein Dachs kommt heraus, und der Lucke schießt ihn ab.

Beutetrunken gehen die beiden weiter, bis sie an ein viel, viel größeres Loch kommen. Der Kare legt sich davor hin und bellt hinein. Nichts rührt sich. Der Kare bellt und bellt, und endlich kommt er dann – der Zug.

Der Kare ist Firmenleiter geworden, und der Lucke ist bei ihm Prokurist. Nach einiger Zeit läßt der Kare seinen Prokuristen kommen und herrscht ihn an: »Du host – ä – Sie ham 80 000 Mark veruntreut, außadem ham Sie mei Oide vaführt und drittens mei Auto zamg'fahrn. Wenn jetzt no des Geringste passiert, nacha fliang S' naus!«

Nach einer Messerstecherei läuft der Kare mit einem Messer in der Brust aus dem Donisl heraus. Am Marienplatz bricht er zusammen. Eine neugierige Menschenmenge umringt ihn. Die Polizei ist noch nicht da. Mitleidig beugt sich ein Mutterl über den Kare und fragt: »Tuat's recht weh?« »Wann i lach, scho«, stöhnt der Kare.

Sagt der Kare zum Lucke stolz: »Du, i bin jetzt freiberuflich als Künstler tätig.« »Ja, host denn do oiwei gnua guade Einfälle?« »Freili«, sagt der Kare, »i hob so vui Idäan, daß i net woaß, de wöichane i zeascht ausfian soit, und auf de Weis komm i scho seit drei Johr net zum Arwat'n.«

»No, wia geht 's G'schäft?« fragt da Kare an Lucke. »Geht's guat?« »Naa, ein.«

Der Kare bewirbt sich in einem Fachgeschäft für Herrenbekleidung um den Posten eines Verkäufers.

Er kann keine Zeugnisse vorweisen und bekommt deshalb im Personalbüro Bescheid: »Eigentlich können wir Sie ohne Zeugnisse nicht einstellen, aber wir wollen Ihnen eine Chance geben, sich zu bewähren. Wenn Sie bis zum Abend diesen Anzug verkaufen, dann bekommen Sie die Stelle.«

Der Kare betrachtet den Anzug. Dieser ist total verhunzt. Ein Ärmel ist kürzer als der andere, das Sakko ist zerbeult, die Hosentaschen sind zugenäht, an einem Hosenbein ist ein Aufschlag, am anderen keiner. »I probier's«, sagt der Kare nach langem Überlegen.

Am Abend geht er zum Personalchef und meldet: »Anzug vakaaft!« Ungläubig fragt ihn der Chef: »Ja, und der Kunde, hat der denn gar nichts gesagt?« »Naa, der net«, antwortet der Kare, »aba da Blind'nhund hot knurrt.«

Der Lucke leitet ein Immobilienbüro. Zu einem Betriebsfest, zu dem auch die Familienangehörigen der Angestellten eingeladen sind, schießt dem Lucke seine Frau pfeilgrad auf dem Lucke seine Sekretärin zu und flötet zuckersüß: »Is des aba schee, daß i Eana aa amoi kennalern, mei Mo hot ma vo Eana oiwei so weni vazählt.«

Der Kare fährt eines Nachts aus tiefen Träumen auf. Vor ihm steht Graf Dracula mit entblößten Zähnen.

»Um Gods Wuin«, schreit der Kare auf, »wia schaung denn Sie aus, warum ham Se se denn Eanane Zähn net scho ois Kind richt'n lass'n!«

Der Kare ist ganz stolz auf seine beiden Söhne. »Meine Buam«, sagt er zum Lucke, »meine Buam ham eana ganze Intelligenz vo mia kriagt.« »Des merkt ma«, antwortet der Lucke bissig. »I hob mei Intelligenz soiwa b'hoit'n.«

An Kare sei Oide kimmt ganz owag'riss'n hoam. »Ja wia schaugst denn du aus!« schreit der Kare. Sie fangt an zum Heulen und jammert: »I bi iwafoin worn, as Sach ham s' ma g'schtoin, und beinah waar i aa no vergewaltigt worn, wenn i eana net auskemma waar, dene Hammeln, dene ausg'schaamt'n.« »Ach so«, meint darauf der Kare, »i hob scho g'moant, es waar wos mi'm Auto.«

Do hot a Bauer auf seim Föid a schtoanane Tofe g'fund'n. Des war a Blaadl ausm Notizbüachl von am Neandataler; und auf dem Blaadl do is der Witz vom Kare und vom Lucke g'schtand'n, wias auf d' Jagd ganga san und wia da Kare an Lucke sein Hund g'macht hot. Und dea Witz war auf dera Tofe durchg'schtricha. Durch den Fund von dem Neandataler seim Notizbüachl woaß ma, daß der Witz damois scho a oida Huat g'wes'n is.